COMO UN ESTRANJERO PUEDE CONVERTIRSE EN MILLONARIO EN CHILE Y EN
CUALQUIER PARTE DEL MUNDO

"A mis queridos hijos Juan Javier y Angélica Liliana, quienes han sido mi mayor inspiración y apoyo a lo largo de este maravilloso viaje de creación. Su amor incondicional, paciencia y comprensión han sido la fuerza que ha impulsado cada palabra escrita en estas páginas. Gracias por ser la luz que ilumina mis días y por ser la razón de mi dedicación y esfuerzo. Este libro lleva impreso vuestro amor y presencia en cada página, y por eso, va dedicado con todo mi cariño y gratitud hacia ustedes."

Y así, con el corazón lleno de gratitud, les entrego este libro como un símbolo de mi amor hacia ustedes. Espero que estas palabras escritas con tanto amor y dedicación puedan ser una inspiración también para ustedes, para que sigan persiguiendo sus sueños y creando su propio camino en la vida. Siempre recuerden que su amor y apoyo son mi mayor regalo, y les agradezco infinitamente por haber sido mi luz en este viaje de creación. Con amor eterno, su papa Franky

En esta guía, exploraremos los pasos clave y las estrategias fundamentales que un extranjero emprendedor puede seguir para trazar su propia ruta hacia el éxito financiero en Chile. Desde identificar oportunidades de inversión lucrativas hasta comprender la dinámica del mercado local y establecer redes sólidas de contactos, descubriremos juntos cómo es posible convertir los sueños en realidad y alcanzar la tan ansiada independencia financiera en este vibrante país sudamericano.

Acompáñanos en este viaje hacia la grandeza financiera, donde los límites solo existen en la mente de aquellos que se atreven a desafiarlos. ¡Prepárate para descubrir los secretos mejor guardados sobre cómo un extranjero puede no solo triunfar, sino también prosperar y convertirse en un verdadero millonario en Chile! Mundo está lleno de posibilidades esperando a ser exploradas por emprendedores audaces y visionarios como tú.

¡Que este libro sea solo el comienzo de una emocionante y gratificante aventura emprendedora! ¡Que tus sueños se hagan realidad y que tu camino esté lleno de éxitos y logros inimaginables!

¡Emprende con valentía, vive con pasión y construye el futuro que deseas!

Gracias por acompañarme en este viaje.

"Una Guía Práctica para Emprender con Éxito"

Introducción: En un mundo cada vez más dinámico y cambiante, el emprendimiento se ha convertido en una fuerza impulsora de innovación, crecimiento y transformación. Emprender no solo se trata de iniciar un negocio, sino de desafiar los límites de lo posible, de perseguir una visión con pasión y determinación, y de enfrentar los desafíos con valentía y creatividad. En estas páginas, te invito a embarcarte en un viaje emocionante hacia el mundo del emprendimiento, donde exploraremos las claves para construir un negocio exitoso, desde la concepción de la idea hasta la implementación y el crecimiento sostenible.

En un mundo lleno de oportunidades y desafíos, la idea de alcanzar el éxito financiero y convertirse en millonario puede parecer un sueño inalcanzable para muchos. Sin embargo, en la tierra de la diversidad cultural y las oportunidades infinitas, Chile se presenta como un destino prometedor para aquellos que desean forjar su camino hacia la riqueza y la prosperidad, incluso como extranjeros en tierras desconocidas.

- Capítulo 1:
Conociendo Chile: Información general sobre Chile, su economía, cultura de negocios, y sectores clave.

- Capítulo 2:
Preparación Inicial: Requisitos legales y administrativos para extranjeros, tipos de visas, y cómo establecerse en Chile.

- Capítulo 3:

Oportunidades de Inversión: Sectores con mayor potencial (minería, agricultura, tecnología, turismo, etc.).

Capítulo 4: Emprendimiento: Cómo iniciar un negocio en Chile, pasos legales, y consejos prácticos.

Capítulo 5: Inversiones Financieras: Bolsa de valores, bienes raíces, y otros instrumentos financieros.

Capítulo 6: Casos de Éxito: Historias inspiradoras de extranjeros que se han vuelto millonarios en Chile.

- Capítulo 7: Desafíos y Cómo Superarlos: Problemas comunes y estrategias para enfrentarlos.

Objetivo:

Identificar y Aprovechar Oportunidades de Riqueza para Extranjeros Legales en Chile

. Establecer Contactos y Redes:
- Brindar orientación sobre cómo establecer redes sólidas de contactos en Chile y aprovechar al máximo las oportunidades de networking.

. Desarrollar Habilidades Emprendedoras:

- Ofrecer herramientas y recursos para mejorar las habilidades empresariales y convertir ideas innovadoras en proyectos exitosos.

. Identificar Sectores Lucrativos:
- Analizar sectores específicos de la economía chilena que presenten oportunidades de inversión y crecimiento para extranjeros.

. Superar Barreras Culturales y Lingüísticas:
- Ayudar a los emprendedores extranjeros a adaptarse al entorno cultural y lingüístico chileno para maximizar sus posibilidades de éxito

Con este libro, espero guiar a otros extranjeros emprendedores en su camino hacia el éxito financiero en Chile, y poder inspirarlos

Objetivo Principal:

Guiar a los extranjeros legales en Chile para que identifiquen y aprovechen las diversas oportunidades de inversión y emprendimiento que les permitan construir riqueza de manera sostenible y exitosa en el país.

Objetivos Específicos:

1. Comprender el Entorno Económico y Legal:
- Proporcionar una comprensión detallada del entorno económico chileno, incluyendo las tendencias actuales y las perspectivas futuras Oportunidades de Riqueza para Extranjeros Legales en Chile

Cómo iniciar un negocio en Chile:

1. Investigación de mercado:
- Antes de iniciar un negocio en Chile, es fundamental investigar el mercado local para identificar oportunidades y demandas insatisfechas.
- Analiza la competencia, el perfil del consumidor chileno, tendencias del mercado y posibles nichos de mercado.

2. Plan de negocios:
- Elabora un plan de negocios detallado que incluya la descripción de tu empresa, análisis de mercado, estrategias de marketing, estructura organizativa, proyecciones financieras, entre otros.
- Este plan te ayudará a tener una visión clara de tu negocio y a establecer metas y estrategias para su éxito.

capitulo 1

conociendo chile

En los últimos años, el entorno económico de Chile ha mostrado una notable resiliencia y dinamismo, a pesar de los desafíos globales y locales. La economía chilena ha experimentado una recuperación sostenida tras la desaceleración provocada por la pandemia de COVID-19, impulsada por la sólida demanda de cobre y otros recursos minerales, que siguen siendo pilares fundamentales de su economía. Además, las políticas fiscales prudentes y una gestión macroeconómica efectiva han contribuido a mantener la estabilidad económica. En este contexto, han surgido nuevas oportunidades en sectores como la tecnología y la innovación, con un creciente ecosistema de startups y emprendimientos digitales que están atrayendo inversiones extranjeras. El sector agrícola y de alimentos también ha visto un aumento en exportaciones, gracias a la calidad y diversidad de productos chilenos. Asimismo, las energías renovables,

paneles solares y turbinas eólicas. Este contexto ha impulsado inversiones en innovación y sostenibilidad dentro del sector minero chileno, incluyendo proyectos que buscan reducir el impacto ambiental de la minería. Así, el cobre no solo sigue siendo un pilar económico, sino que también posiciona a Chile en el centro de las futuras tecnologías globales.

La minería del cobre es el sector más emblemático y significativo de la economía chilena. Con una producción que representa aproximadamente el 28% del total mundial, Chile es el mayor productor de cobre del planeta. Este metal es esencial para diversas industrias globales, incluyendo la construcción, la manufactura de productos electrónicos y la transición hacia energías renovables.

Chile es un país con una rica y diversa cultura que puede presentar algunas diferencias significativas para los extranjeros que deciden establecerse y emprender allí. Aquí te presento algunas de las diferencias culturales más notables que podrías encontrar en Chile:

1. **Idioma y Comunicación** • Idioma: El español es el idioma oficial y predominante en Chile. Sin embargo, el acento chileno y el uso de modismos locales, conocidos como

"chilenismos", pueden ser un desafío para los hispanohablantes no nativos.
• Comunicación Indirecta: Los chilenos tienden a ser más indirectos en su manera de comunicarse, evitando confrontaciones directas. Es común el uso de eufemismos y lenguaje diplomático.

2. **Horario y Puntualidad** y pueden influir significativamente en los negocios. La confianza y el respeto son esenciales para establecer y mantener relaciones laborales.
• Formalidad Inicial: Al principio, los chilenos pueden ser formales en el trato, pero una vez establecida la confianza, las interacciones pueden volverse más informales y cercanas. 4. **Estructura Familiar**
s occidentales, y el respeto a la autoridad es importante.

5. ** Aspectos legales y fiscales a considerar
. Requisitos legales para emprender en Chile:
·Visas y permisos de trabajo necesarios para extranjeros que desean emprender en Chile.
• Registro de empresas y trámites necesarios para establecer un negocio en el país.
·Aspectos legales a considerar al momento de contratar empleados y establecer relaciones laborales.

Capitulo 2

preparación inicial requisitos legales

1. Investigar el país de destino: Averigua sobre la cultura, el clima, el sistema de salud, las leyes, el mercado laboral, etc. para tener una idea clara de a dónde te estás mudando.

2. Obtener la documentación necesaria: Dependiendo del país, necesitarás un visado, permiso de residencia, pasaporte, entre otros documentos. Investiga cuáles son los requisitos

. *Visas y Permisos de Reside Residencia** Tipos de Visas.

·Visa de Residencia Temporaria:

Esta visa permite a los extranjeros residir en Chile por un período de hasta un año, renovable por otro año. Es adecuada para personas que vienen a trabajar, invertir, o realizar actividades específicas.

·Visa de Residencia Sujeta a Contrato:

Para extranjeros que tienen un contrato de trabajo con una empresa chilena. Permite residir y trabajar en Chile mientras dure el contrato

·Visa de Estudiante:

Para aquellos que vienen a Chile a estudiar en una institución reconocida.

·Visa de Residencia Permanente:

Después de haber residido en Chile por al menos dos años con una visa temporaria, o por al menos un año con una visa sujeta a contrato, los extranjeros pueden solicitar la residencia permanente

B. Legislación empresarial en Chile:
- Principales leyes y regulaciones que afectan a las empresas en Chile.

- Protección de la propiedad intelectual y derechos de autor en el país.
- Normativas específicas para ciertos sectores económicos (por ejemplo, minería, tecnología, turismo, etc.).

C. Aspectos fiscales y contables:
- Sistema tributario chileno y obligaciones fiscales para empresas y emprendedores.
- Beneficios fiscales para inversionistas extranjeros en Chile.
- Importancia de llevar una contabilidad adecuada y cumplir con las obligaciones fiscales para evitar problemas legales.

. Estructura legal y registro de la empresa:
- Decide la estructura legal de tu empresa (por ejemplo, sociedad de responsabilidad limitada, sociedad por acciones, etc.).
- Registra tu empresa en el Servicio de Impuestos Internos (SII) y en el Registro de Comercio para obtener tu RUT (Rol Único Tributario) y tu Número de Identificación Tributaria.

. Obtención de permisos y licencias:
- Identifica los permisos y licencias necesarios para operar tu negocio en Chile, dependiendo del tipo de actividad económica que vayas a realizar.
- Asegúrate de cumplir con todas las regulaciones locales para evitar problemas legales en el futuro.

. Apertura de una cuenta bancaria:

- Abre una cuenta bancaria empresarial en una institución financiera en Chile para realizar transacciones comerciales.
- Este paso es importante para separar las finanzas personales de las empresariales y facilitar la gestión financiera de tu negocio.

. Contratación de personal (si es necesario):
- Si planeas contratar empleados, asegúrate de cumplir con la normativa laboral chilena en términos de contratos de trabajo, beneficios laborales, seguridad social, entre otros.

·Considera la posibilidad de contratar asesoría legal para garantizar el cumplimiento de las leyes y normativas del país . Protección legal y contratos:

- Importancia de contar con asesoría legal al establecer acuerdos comerciales y contratos en Chile.
· Tipos de contratos comunes en el ámbito empresarial chileno y cláusulas importantes a considerar.
· Recomendaciones para proteger los intereses legales de tu empresa y evitar conflictos legales.

. Arbitraje y resolución de conflictos:
- Alternativas de resolución de disputas comerciales en Chile, como el arbitraje y la mediación.

·Ventajas del arbitraje internacional para resolver conflictos entre partes extranjeras en Chile.
- Recomendaciones para prevenir y resolver conflictos de manera eficiente y efectiva en el ámbito empresarial.

*Registro y documentos[1] de Identidad**

- Escritura Pública: Firmar una escritura pública ante un notario y registrarla en el Registro de Comercio y en el Diario Oficial. 4. **Regulaciones Laborales**

a comercial, se necesita tener la empresa registrada y presentar documentos como la cédula de identidad del representante legal, la escritura de constitución de la empresa, y el inicio de actividades ante el SII. Este resumen cubre los principales requisitos legales que un extranjero debe tener en cuenta para establecerse y emprender en Chile. Es recomendable consultar con un abogado o asesor especializado en derecho migratorio y empresarial para obtener orientación específica y detallada según las necesidades particulares de cada caso.

oportunidades de inversión

En Chile, al igual que en muchos otros países, se pueden identificar diferentes clases de migrantes según distintos criterios. A continuación, presento algunas categorías comunes de migrantes que llegan a Chile:

1. Migrantes económicos: Son aquellos migrantes que se desplazan a Chile en busca de mejores oportunidades laborales y económicas. Pueden ser trabajadores calificados o no calificados que buscan empleo en sectores como la construcción, la agricultura, el turismo, entre otros.

2.. Migrantes refugiados: Son personas que han huido de sus países de origen debido a conflictos armados, persecución, violencia o violaciones de derechos humanos. Chile ha recibido un número creciente de solicitudes de refugio en los últimos años, especialmente de países como Venezuela y Haití.

3. Migrantes por reunificación familiar: Muchos migrantes llegan a Chile con el objetivo de reunirse con sus familiares que ya se encuentran en el país. La reunificación familiar es un motivo común de migración en todo el mundo.

4. migrantes estudiantes número creciente de estudiantes internacionales que vienen al país para cursar estudios superiores en universidades chilenas. Estos migrantes suelen obtener visas de estudiante para residir en Chile

El mejor momento para emprender puede variar según la persona y la situación, pero en general, no hay un momento perfecto para comenzar un negocio. Sin embargo, aquí hay algunos factores a considerar al decidir cuándo emprender:

1. Preparación: Asegúrate de tener una idea clara de tu negocio, un plan de negocios sólido y los recursos necesarios para empezar.
2. Mercado: Analiza el mercado en el que deseas ingresar. ¿Hay demanda para tu producto o servicio? ¿Existe competencia? ¿Es un buen momento económico para tu industria?

Identificación de oportunidades • Sectores económicos clave en Chile. · Tendencias de mercado y nichos prometedores.
- Casos de extranjeros exitosos en Chile y sus historias. Estrategias para el éxito financiero
- Planificación financiera personal.
- Inversiones inteligentes en el mercado chileno.
- Consejos para maximizar los ingresos y minimizar los gastos.

Aunque la educación formal puede proporcionar herramientas y conocimientos útiles para emprender, no es un requisito absoluto para iniciar un negocio con éxito. Muchas personas han logrado emprender y tener negocios exitosos sin tener educación formal. Aquí hay algunas formas en las que las personas sin educación formal pueden emprender:

1. Experiencia laboral: La experiencia laboral en un campo específico puede ser una excelente base para emprender.
Muchas personas han comenzado negocios basados en las habilidades y conocimientos adquiridos a lo largo de los años trabajando en un sector en particular.

2. Mentores y redes de apoyo: Buscar mentores y construir una red de apoyo sólida puede ser fundamental para las personas sin educación formal que desean emprender. Los mentores pueden proporcionar orientación, consejos y apoyo a lo largo del proceso emprendedor.

3. Capacitación y aprendizaje continuo: Aunque no tengan educación formal, las personas pueden buscar cursos, talleres y recursos en línea para adquirir habilidades empresariales específicas que necesitan para iniciar y hacer crecer su negocio.

4. Enfoque en habilidades y fortalezas: Identificar las habilidades y fortalezas personales y utilizarlas en el negocio puede ser una estrategia efectiva para emprender con éxito, incluso sin educación formal.

3. Situación personal: Considera tu situación personal, financiera y profesional. ¿Tienes el tiempo y la energía necesarios para emprender en este momento?
4. Red de apoyo: Tener una red de apoyo sólida, ya sea de amigos, familiares, mentores o asociados comerciales, puede
ser crucial para el éxito de tu emprendimiento. En resumen, el mejor momento para emprender es cuando te sientas preparado, hayas investigado y planificado
adecuadamente, y estés dispuesto a asumir los riesgos y desafíos que conlleva emprender.
¡Buena suerte en tu aventura emprendedora!

sueños en realidades tangibles.
Ya sea que estés comenzando tu primen emprendimiento o buscando llevar tu negocio al

siguiente nivel, este libro está 0⁰diseñado para ser tu compañero de viaje, ofreciéndote herramientas, estrategias y reflexiones que te ayudarán a navegar por el apasionante mundo del emprendimiento con confianza y claridad. Prepárate para desafiar los límites, para explorar tu potencial y para construir un futuro lleno de posibilidades. El viaje del emprendimiento está por comenzar, ¿estás listo para dar el primer paso? ¡Que la aventura comience!

paso que des en tu viaje emprendedor te acercará un poco más a la visión que tienes para tu vida y para tu negocio.
No importa cuántos desafíos enfrentes en el camino, recuerda que tienes dentro de ti la fuerza, la creatividad y la determinación necesarias para superarlos. Aprovecha cada experiencia, cada fracaso y cada éxito como oportunidades para aprender, crecer y mejorar.
En este momento, estás en el umbral de una nueva etapa en tu vida emprendedora. Te animo a seguir adelante con valentía, con pasión y con la convicción de que eres capaz de lograr todo lo que te propongas. El mundo está lleno de posibilidades esperando a ser exploradas por emprendedores audaces y visionarios como tú.

¡¡¡¡¡¡¡¡¡¡¡así que empecemos!!!!!!!!

estos son los modelos de negocio que he seleccionado quizá sean miles pero es una forma para darte una idea quiza basica de como generar y en cual te sientes identificado

1. E-comerse:

- Paso 1: Identificar un nicho de mercado y productos/servicios que deseas vender.

- Paso 2: Crear una tienda en línea utilizando plataformas como Shopify, WooCommerce, Magento, etc

- Paso 3: Configurar métodos de pago y envío.

Paso 4: Subir tus productos con descripciones detalladas y atractivas. · Paso 5: Promocionar tu tienda en línea a través de redes sociales, publicidad online, SEO, colaboraciones, etc.

2. Marketing de afiliación:

Paso 1: Registrarte en programas de afiliados de empresas relevantes a tu nicho.

·Paso 2: Obtener enlaces de afiliados y promocionar productos/servicios en tu sitio web, blog o redes sociales.

·Paso 3: Generar tráfico a tus enlaces de afiliados a través de estrategias de marketing digital.

·Paso 4: Analizar tus conversiones y optimizar tus estrategias para aumentar tus ingresos.

3. Creación de contenido online:

- Paso 1: Identificar tu audiencia objetivo y el tipo de contenido que les interesa.

- Paso 2: Crear y publicar contenido de alta calidad de forma consistente en plataformas como blogs, YouTube, podcasts, cursos online, etc.

- Paso 3: Monetizar tu contenido a través de publicidad (Google AdSense), patrocinios, membresías (Patreon), ventas de productos digitales, etc.

4. Desarrollo de aplicaciones móviles:

- Paso 1: Identificar una necesidad o problema que tu aplicación pueda resolver.

- Paso 2: Diseñar y desarrollar la aplicación móvil.

- Paso 3: Publicar la aplicación en tiendas de aplicaciones como App Store o Google Play.

- Paso 4: Monetizar la aplicación a través de descargas pagas, publicidad en la aplicación, compras dentro de la aplicación, suscripciones, etc.

5. Freelancing:
- Paso 1: Crear un perfil en plataformas de freelancing y destacar tus habilidades y experiencia.

- Paso 2: Ofrecer tus servicios a clientes potenciales y enviar propuestas personalizadas.

- Paso 3: Cumplir con los plazos y entregar un trabajo de alta calidad para obtener buenas calificaciones y comentarios positivos

6. Dropshipping:

- Paso 1: Identificar un nicho de mercado y productos rentables para vender.

·Paso 2: Crear una tienda en línea y asociarte con proveedores de dropshipping.
- Paso 3: Promocionar tus productos y gestionar las ventas y el servicio al cliente.

·Paso 4: Optimizar tus operaciones y estrategias de marketing para maximizar tus beneficios.

7. Consultoría en línea:

- Paso 1: Definir tus servicios de consultoría y establecer tus tarifas.

- Paso 2: Promocionar tus servicios a través de tu sitio web, redes sociales, LinkedIn, etc.

- Paso 3: Programar sesiones de consultoría con clientes potenciales y ofrecer soluciones personalizadas a sus problemas.

8. Inversiones en criptomonedas:

·Paso 1: Investigar y educarte sobre el mercado de criptomonedas y las diferentes opciones de inversión.

- Paso 2: Abrir una cuenta en una plataforma de intercambio de criptomonedas.

- Paso 3: Comprar criptomonedas según tu estrategia de inversión y gestionar tus inversiones de forma responsable. Es importante recordar que cada una de estas ideas requiere tiempo, esfuerzo y dedicación para tener éxito. Es fundamental investigar, planificar y estar dispuesto a aprender y adaptarse a medida que avanzas en tu camino hacia la generación de ingresos utilizando la tecnología. Creación de contenido online

- Paso 1: Identificar tu audiencia objetivo y el tipo de contenido que les interesa.

- Paso 2: Crear y publicar contenido de alta calidad de forma consistente en plataformas como blogs, YouTube, podcasts, cursos online, etc.

- Paso 3: Monetizar tu contenido a través de publicidad (Google AdSense), patrocinios, membresías (Patreon), ventas de productos digitales, etc.

Para aprovechar la tecnología y generar ingresos, aquí hay algunas ideas que podrías considerar:

1. E-commerce: Iniciar una tienda en línea para vender productos o servicios. Puedes utilizar plataformas como Shopify, WooCommerce, o Amazon para crear tu tienda en línea.

2Marketing de afiliación: Promocionar productos de otras empresas a través de enlaces de afiliados en tu sitio web, blog o redes sociales. Obtendrás una comisión por cada venta realizada a través de tus enlaces.

El comercio minorista de frutas en Chile es un sector dinámico y diverso. Chile es conocido por ser un importante productor y exportador de frutas frescas, lo que también influye en el comercio minorista interno. En Chile, las frutas son un componente esencial de la dieta diaria, por lo que hay una gran demanda de frutas frescas en los mercados minoristas. Los chilenos suelen comprar frutas en mercados locales, ferias, supermercados, tiendas de conveniencia y también cada vez más a través de plataformas en línea. Los mercados mayoristas también juegan un papel importante en la cadena de suministro de frutas en Chile

El comercio minorista de ropa en Chile es un sector importante y diverso que atiende a una amplia gama de consumidores. En Chile, la industria de la moda ha experimentado un crecimiento significativo en los últimos años, con la apertura de nuevas tiendas, centros comerciales y la presencia de marcas internacionales. Los chilenos son cada vez más conscientes de las tendencias de la moda y buscan ropa de calidad y diseño actual. En las principales ciudades de Chile, como Santiago, Valparaíso y Concepción, se pueden encontrar numerosas tiendas de ropa que ofrecen una variedad de estilos, desde marcas internacionales de lujo

Los centros comerciales son un destino popular para las compras de ropa en Chile, ya que ofrecen una amplia selección de tiendas de moda, accesorios y calzado en un solo lugar. Además, muchas marcas internacionales han establecido presencia en los centros comerciales chilenos, lo que ha contribuido a la diversificación de la oferta de moda en el país. Además de las tiendas físicas, el comercio minorista de ropa en Chile también ha experimentado un crecimiento en las ventas en línea. Cada vez más consumidores chilenos prefieren comprar ropa a través de plataformas en línea, lo que ha llevado a un aumento en la competencia en el mercado de la moda en línea.

En resumen, el comercio minorista de ropa en Chile es un sector dinámico y en constante evolución, que atiende a las crecientes demandas y preferencias de los consumidores chilenos en términos de moda y estilo.

. Competencia: El sector minorista en Chile es altamente competitivo, con la presencia de grandes cadenas de supermercados nacionales e internacionales, así como una gran cantidad de pequeños y medianos comercios. La competencia fomenta la innovación, la diversificación de productos y servicios, y la mejora en la calidad de atención al cliente. 3. Comportamiento del consumidor: El comportamiento del consumidor en Chile ha evolucionado con el tiempo, especialmente con el aumento de la digitalización y el comercio electrónico. Los consumidores chilenos buscan conveniencia, variedad, calidad y buenos precios al momento de realizar sus compras, lo que ha llevado a una mayor demanda de opciones de compra en línea y servicios de entrega a domicilio.

El sector minorista en Chile es un sector importante de la economía, que abarca una amplia variedad de negocios que venden productos directamente a los consumidores finales. A continuación, te explico cómo funciona el sector minorista en Chile:

1. Tipos de establecimientos: En Chile, el sector minorista incluye una amplia gama de

establecimientos, como supermercados, tiendas por departamento, tiendas de conveniencia, ferias libres, mercados, centros comerciales, tiendas especializadas, entre otros. Cada tipo de establecimiento atiende a diferentes segmentos de mercado y ofrece una variedad de productos y servicios. inteligencia artificial

Generar ingresos mediante la inteligencia artificial es una posibilidad cada vez más accesible debido al crecimiento y la expansión de esta tecnología en diversos sectores. A continuación, te presento algunas formas en las que puedes aprovechar la inteligencia artificial para generar ingresos:

1. Desarrollo de aplicaciones y software: Ai Si tienes habilidades en programación y conocimientos en inteligencia artificial, puedes desarrollar aplicaciones, software o algoritmos basados en IA para empresas u organizaciones que buscan automatizar procesos, mejorar la toma de decisiones o desarrollar productos innovadores.

2. Consultoría en inteligencia artificial: Si eres un experto en inteligencia artificial, puedes ofrecer servicios de consultoría a empresas que deseen implementar soluciones basadas en IA. Puedes ayudarles a identificar oportunidades de aplicación de la IA, diseñar estrategias de implementación y brindar asesoramiento técnico especializado.

3. Creación de contenido AI: Puedes generar ingresos creando contenido generado por inteligencia artificial, como artículos, informes, informes de datos, entre otros. La IA puede ser utilizada para redactar textos de manera automática y personalizada, lo que puede ser una oportunidad para ofrecer servicios de creación de contenido a empresas y medios de comunicación.

4. Comercio electrónico con recomendaciones AI: Si estás interesado en el comercio electrónico, puedes utilizar algoritmos de recomendación basados en inteligencia artificial para personalizar la experiencia de compra de los usuarios. Esto puede ayudarte a aumentar las ventas y generar ingresos a través de comisiones por ventas o publicidad.

5. Creación de chatbots AI: Los chatbots basados en inteligencia artificial son cada vez más comunes en sitios web y plataformas de mensajería. Puedes desarrollar chatbots personalizados para empresas que deseen automatizar la atención al cliente, mejorar la experiencia del usuario o impulsar las ventas.

6. Participación en concursos y desafíos AI: Algunas empresas y organizaciones organizan concursos y desafíos relacionados con la inteligencia artificial, donde puedes participar y ganar premios en efectivo, oportunidades de colaboración o reconocimiento en la industria. Estas son algunas formas en las que puedes generar ingresos mediante la inteligencia artificial. Es importante destacar que la clave para tener éxito en este campo es mantenerse actualizado con las últimas tendencias, adquirir habilidades especializadas y estar abierto a nuevas oportunidades en un campo en constante evolución la industria del vino

Chile es conocido mundialmente por la calidad de sus vinos, y la industria vitivinícola chilena ha experimentado un gran crecimiento y reconocimiento en las últimas décadas. Si estás interesado en entrar en el nicho de los vinos en Chile, aquí hay algunas cosas que podrías considerar:

1. Conocer la industria vinícola chilena: Antes de entrar en el negocio de los vinos en Chile, es importante que te familiarices con la industria vinícola chilena, sus principales regiones vitivinícolas, variedades prácticas de cultivo, bodegas destacadas, etc. 2. Identificar tu enfoque: Decide si deseas producir tus propios vinos, importar vinos chilenos, abrir una tienda especializada, ofrecer tours en viñedos, entre otras opciones. Es importante definir tu enfoque y modelo de negocio.

3. Establecer contactos en la industria: Es fundamental establecer relaciones en la industria vitivinícola chilena. Puedes contactar directamente a bodegas, distribuidores, enólogos, y participar en eventos y ferias del sector para expandir tu red de contactos.

4. Conocer las regulaciones y normativas: Asegúrate de conocer las regulaciones y normativas relacionadas con la importación, producción y venta de vinos en Chile, tanto a nivel nacional como internacional.

5. Investigación de mercado: Realiza un análisis de mercado para identificar oportunidades, competencia, tendencias del mercado, preferencias de los consumidores, etc. Esto te ayudará a definir tu estrategia comercial.

6. Promoción y marketing: El marketing y la promoción son clave en la industria de los vinos. Considera estrategias de marketing digital, participación en eventos, catas de vino, presencia en redes sociales, entre otras acciones para dar a conocer tus productos o servicios.

   Calidad y diferenciación: En un mercado tan competitivo como el del vino, es fundamental ofrecer productos de alta calidad y buscar formas de diferenciarte de la competencia, ya sea a través de la calidad, el precio, la historia de la bodega, la sostenibilidad, entre otros aspectos.

Entrar en el nicho de los vinos en Chile puede ser una oportunidad emocionante, pero requiere dedicación, conocimiento del mercado y pasión por el mundo del vino. la agricultura

¡Claro! La agricultura chilena es un sector importante de la economía del país. Chile es conocido por la diversidad de sus climas y suelos, lo que le permite producir una amplia variedad de productos agrícolas. Algunos de los productos agrícolas más importantes de Chile incluyen uvas, manzanas, cerezas, paltas, vinos, salmón, entre otros. La industria vitivinícola chilena es especialmente reconocida a nivel internacional por la calidad de sus vinos. Además, la agricultura en Chile se beneficia de condiciones naturales favorables, como un clima mediterráneo en algunas zonas, la presencia de ríos que permiten la irrigación, y una diversidad de microclimas que favorecen la producción de una ampliación internacional por la calidad de sus vinos. Además, la agricultura en Chile se beneficia de condiciones naturales favorables, como un clima mediterráneo en algunas zonas, la presencia de ríos que permiten la irrigación, y una diversidad de microclimas que favorecen la producción de una amplia gama de productos agrícolas. La agricultura chilena también ha enfrentado desafíos, como la escasez de agua en algunas regiones, la necesidad de modernización y tecnificación, y la competencia en los mercados internacionales. El gobierno chileno ha implementado políticas y programas para apoyar al sector agrícola y fomentar su crecimiento y desarrollo sostenible.

Si deseas más información específica sobre algún aspecto en particular de la agricultura chilena

El desarrollo sostenible en Chile es un tema importante que ha ido ganando relevancia en los últimos años. El país ha avanzado en la incorporación de prácticas sostenibles en diversos sectores, incluyendo la agricultura, la minería, la energía, el turismo y la conservación del medio ambiente. En el ámbito agrícola, se han promovido prácticas sustentables que permiten una producción agrícola más amigable con el medio ambiente, como el uso eficiente del agua, la implementación de sistemas de riego tecnificados, la diversificación de cultivos, la reducción del uso de agroquímicos y la promoción de la agricultura orgánica.

renovables para reducir la dependencia de combustibles fósiles y mitigar el cambio climático. Turismo

En el sector turístico, Chile ha impulsado la conservación de sus recursos naturales y la promoción de un turismo sustentable que respete el entorno y la cultura local. Se han creado áreas protegidas, reservas naturales y parques nacionales para preservar la biodiversidad y promover el ecoturismo. En resumen, Chile ha realizado avances significativos en materia de desarrollo sostenible, promoviendo prácticas sustentables en diferentes sectores y buscando un equilibrio entre el desarrollo económico, la protección del medio ambiente y el bienestar social. Sin embargo, como en muchos países, aún existen desafíos y oportunidades para seguir avanzando hacia un modelo de desarrollo más sostenible y resolviente en fuentes de energía

En Chile, al igual que en otros países, se utilizan diversas fuentes de energía para satisfacer las necesidades de la población y la industria. A continuación, te explico las principales clases de energía utilizadas en Chile:

1. Energía Hidroeléctrica:

Chile cuenta con un importante potencial hidroeléctrico, principalmente en la zona sur del país. Las centrales hidroeléctricas aprovechan la energía del agua para generar electricidad. La energía hidroeléctrica es una fuente renovable y limpia, pero su desarrollo puede tener impactos ambientales, como la alteración de ecosistemas acuáticos y terrestres.

2. Energía Solar:

Chile tiene uno de los mejores recursos solares del mundo, especialmente en el norte del país. La energía solar se obtiene a través de paneles fotovoltaicos que convierten la luz solar en electricidad. La energía solar es una fuente renovable y cada vez más competitiva en términos de costos.

3. Energía Eólica:

Chile también cuenta con un gran potencial para la generación de energía eólica, especialmente en la zona norte y sur del país. Los parques eólicos utilizan turbinas para convertir la energía cinética del viento en electricidad. La energía eólica es una fuente renovable y limpia, pero su disponibilidad depende de la velocidad del viento.

4. Energía Geotérmica:

Chile posee recursos geotérmicos en la zona norte del país, donde existen volcanes y fuentes termales. La energía geotérmica se obtiene aprovechando el calor del interior de la Tierra para generar electricidad. Es una fuente de energía renovable y constante, pero su desarrollo puede tener impactos ambientales locales.

5. Energía Térmica:

En Chile, también se utiliza la energía térmica, que puede ser generada a partir de combustibles fósiles como el petróleo, el gas natural y el carbón. Sin embargo, el país está buscando reducir su dependencia de estas fuentes de energía no renovables en favor de fuentes más limpias y sustentables ¡

¡¡¡¡crea tu propio juego en aplicaciones!!!!

1. Define tu idea de juego: Antes de comenzar a desarrollar tu aplicación, es fundamental tener una idea clara de qué tipo de juego deseas crear. Define el concepto del juego, los objetivos, mecánicas de juego, personajes, etc.

2. Elige una plataforma de desarrollo: Hay varios enfoques para desarrollar una aplicación de juego para dispositivos móviles, como:

- Desarrollo nativo: utilizando lenguajes específicos para cada plataforma (Swift para iOS, Java/Kotlin para Android).
- Desarrollo multiplataforma: utilizando herramientas como Omití, Unreal Engine, o frameworks como React Native o Flutter.

3. Aprende a programar: Si no tienes experiencia en programación, es importante adquirir conocimientos básicos sobre programación y desarrollo de aplicaciones móviles. Hay muchos recursos en línea gratuitos y de pago que pueden ayudarte a aprender a programar.

4. Desarrollo de la app:

- Crea los gráficos y diseños necesarios para tu juego.
- Implementa lógica del juego y las mecánicas de juego. · Realiza pruebas exhaustivas para asegurarte de que el juego funciona correctamente en diferentes dispositivos.

5. Distribución de la app:

Una vez que hayas terminado de desarrollar tu juego, puedes distribuirlo a través de las tiendas de aplicaciones como App Store (iOS) y Google Play Store (Android).

Recuerda que el desarrollo de aplicaciones de juegos puede ser un proceso complejo y requiere tiempo y esfuerzo. No dudes en buscar tutoriales, cursos y comunidades en línea que puedan brindarte apoyo durante todo el proceso

capitulo 3

oportunidades de inversión

Para aprovechar la tecnología y generar ingresos, aquí hay algunas ideas que podrías considerar:
1. E-commerce: Iniciar una tienda en línea para vender productos o servicios. Puedes utilizar plataformas como Shopify, WooCommerce, o Amazon para crear tu tienda en línea.
2. Marketing de afiliación: Promocionar productos de otras empresas a través de enlaces de afiliados en tu sitio web, blog o redes sociales. Obtendrás una comisión por cada venta realizada a través de tus enlaces.

. Creación y venta en línea (bajo costo inicial)
. Programas de afiliados en línea (sin inversión inicial) . Marketing de influencers en redes sociales (puede comenzar con colaboraciones gratuitas o de bajo costo) . Venta de productos artesanales en mercados locales (costos bajos de materiales)
. Servicios de consultoría en línea (puede comenzar ofreciendo servicios gratuitos para construir reputación) . Alquiler de propiedades a corto plazo a través de plataformas en línea (puede comenzar con una sola propiedad o subarrendando
. Creación y venta de cursos en línea (puede utilizar plataformas gratuitas para alojar los cursos) . Venta de productos en mercadillos o ferias locales (costos bajos de participación en el evento)

¡¡¡¡¡¡¡inversiones bancarias!!!!!!!!!

. Inversión en acciones o fondos indexados a largo plazo (puede comenzar con cantidades pequeñas de inversión) . Servicios de coaching personal o profesional en línea (puede ofrecer sesiones de prueba gratuitas para atraer clientes) Invertir en la bolsa puede ser desafiante, especialmente para aquellos que son nuevos en el mundo de la inversión. Algunos de los desafíos comunes que pueden surgir al invertir en la bolsa incluyen: 1. Volatilidad del mercado: Los precios de las acciones pueden fluctuar significativamente en un corto período de tiempo, lo que puede resultar en pérdidas para los inversores.
2. Riesgo de pérdida: Existe la posibilidad de perder dinero al invertir en la bolsa, especialmente si no se investiga adecuadamente o se toman decisiones emocionales en lugar de racionales.

3. Necesidad de investigación: Para invertir con éxito en la bolsa, es importante realizar investigaciones exhaustivas sobre las empresas en las que se desea invertir, así como comprender los conceptos básicos de inversión.

4. Tiempo y dedicación: Invertir en la bolsa requiere tiempo y dedicación para monitorear el mercado, realizar seguimiento de las inversiones y ajustar la cartera según sea necesario.

5. Costos asociados: Hay costo asociados con la inversión en la bolsa, como comisiones de corretaje, tarifas de gestión y posibles impuestos sobre las ganancias de capital. A pesar de estos desafíos, invertir en la bolsa también puede ser una forma efectiva de hacer crecer su patrimonio a largo plazo si se aborda con cuidado, paciencia y una estrategia de inversión bien pensada. Es importante educarse sobre los mercados financieros, diversificar su cartera, mantener un enfoque a largo plazo y considerar buscar asesoramiento financiero si es necesario

Sí, hay varias plataformas y herramientas de inteligencia artificial (IA) que pueden ayudarte a comprender la bolsa y tomar decisiones informadas sobre tus inversiones. Algunas de estas herramientas utilizan algoritmos avanzados para analizar datos financieros, tendencias del mercado y patrones para ofrecer recomendaciones personalizadas. Aquí hay algunas opciones que podrían serte útiles:

1. Robo-Advisors: Plataformas en línea que utilizan algoritmos de IA para crear y gestionar automáticamente una cartera de inversiones diversificada según tus objetivos y tolerancia al riesgo.

2. Asistentes virtuales financieros: Algunas instituciones financieras y empresas de tecnología ofrecen asistentes virtuales que pueden responder preguntas sobre inversiones, proporcionar análisis de mercado y ofrecer recomendaciones personalizadas.

3. Plataformas de trading con IA: Algunas plataformas de trading ofrecen herramientas de IA que pueden ayudarte a identificar oportunidades de inversión, analizar datos financieros y gestionar tu cartera de forma más eficiente 4. Aplicaciones de análisis de mercado:
- Estas aplicaciones utilizan algoritmos de AI para analizar noticias financieras, tendencias del mercado y datos económicos relevantes.
- Pueden proporcionar informes y análisis detallados sobre diferentes activos, sectores o mercados. ·Algunas aplicaciones también pueden ofrecer herramientas de visualización de datos para ayudarte a comprender mejor la información presentada. Estas herramientas de IA pueden ser útiles para los inversores al proporcionar análisis de datos más rápidos y precisos, así como recomendaciones personalizadas basadas en algoritmos avanzados. Sin embargo, es importante recordar que la inversión siempre conlleva riesgos y que es fundamental combinar la información proporcionada por la IA con tu propio análisis y juicio antes de tomar decisiones

1. Robo-Advisors: ·Los robo-advisors son plataformas en línea que utilizan algoritmos de IA para crear y gestionar carteras de inversión automatizadas.
- Funcionan recopilando información sobre tus objetivos financieros, horizonte de inversión y tolerancia al riesgo. . Utilizan algoritmos para asignar los activos de manera diversificada y ajustar automáticamente la cartera según los cambios del mercado.
- Proporcionan informes periódicos sobre el rendimiento de la cartera y realizan reequilibrios si es necesario.

2. Asistentes virtuales financieros:
· Los asistentes virtuales financieros son programas de IA que pueden responder preguntas sobre inversiones, proporcionar análisis de mercado y ofrecer recomendaciones personalizadas.

- Funcionan analizando tus consultas y proporcionando respuestas basadas en datos financieros y tendencias del mercado. ·Algunos asistentes virtuales pueden ser programados para enviar alertas sobre cambios importantes en el mercado o en tus inversiones. 3. Plataformas de trading con IA:
- Estas plataformas utilizan algoritmos de AI para analizar grandes cantidades de datos financieros en tiempo real y identificar patrones y oportunidades de inversión. • Pueden ofrecer recomendaciones de compra o venta basadas en análisis técnico y fundamental automatizado.
- Algunas plataformas también pueden ayudarte a gestionar tu cartera de manera más eficiente al proporcionar herramientas de seguimiento y análisis avanzado. 4. Aplicaciones de análisis de mercado:
- Estas aplicaciones utilizan algoritmos de A para analizar noticias financieras, tendencias del mercado y datos económicos relevantes.
- Pueden proporcionar informes y análisis detallados sobre diferentes activos, sectores o mercados.

Meta Trader 4/5: Plataforma de trading popular que ofrece funciones avanzadas para análisis técnico y automatización de operaciones.
4. Aplicaciones de análisis de mercado: • Bloomberg: Aplicación que ofrece noticias financieras, análisis de mercado y datos en tiempo real.

·Yahoo Finance: Aplicación que proporciona información detallada sobre acciones, fondos, noticias financieras y análisis de mercado.
Estas son solo algunas de las muchas aplicaciones y plataformas disponibles que utilizan inteligencia artificial para ayudar a los inversores a tomar decisiones informadas en el mercado financiero. Es importante investigar y probar diferentes opciones para encontrar la que mejor se adapte a tus necesidades y objetivos de inversión capítulo 4 emprendiendo como iniciar un negocio en chile

Los extranjeros que deciden emprender en Chile suelen incursionar en una variedad de sectores, aprovechando las oportunidades que ofrece el país en diversas áreas. Aquí te presento los tipos más frecuentes de emprendimientos de extranjeros en Chile

Temas legales para emprender en chile

1. Constitución de empresas: asesoramiento legal para la constitución de sociedades, redacción de estatutos, y cumplimiento de requisitos legales.

2. Propiedad intelectual: protección de marcas, patentes, derechos de autor y secretos comerciales.

3. Derecho laboral: asesoramiento en contratos laborales, términos de liquidación, y cumplimiento de normativas laborales.

4. Ley de protección al consumidor: asesoramiento en normativas de protección a los consumidores, redacción de contratos y políticas comerciales.

5. Regulaciones sanitarias: asesoramiento en normativas y requisitos sanitarios para el funcionamiento de negocios en el rubro de alimentos, salud, belleza, entre otros.

6. Regulaciones ambientales: asesoramiento en cumplimiento de normativas ambientales para empresas que operan en sectores regulados.

7. Derecho tributario: asesoramiento en materias de impuestos, planificación fiscal, cumplimiento de obligaciones tributarias, entre otros.

8. Contratación pública: asesoramiento en licitaciones públicas, contratación con entidades estatales, cumplimiento de normativas y requisitos de contratación pública.

9. Regulación de comercio electrónico: asesoramiento en normativas y requisitos legales para la operación de negocios en línea. 10. Cumplimiento normativo: asesoramiento en el cumplimiento de todas las normativas y regulaciones aplicables a la actividad empresarial.

1. *Tecnología y Startups**

• Desarrollo de Software y Aplicaciones: Muchos extranjeros crean empresas de desarrollo de software, aplicaciones móviles, y soluciones tecnológicas. · Fintech: Las tecnologías financieras están en auge, con startups que ofrecen servicios innovadores en pagos, préstamos y gestión financiera.

•E-commerce:
Tiendas en línea y plataformas de comercio electrónico son populares, aprovechando el crecimiento del mercado digital en Chile.

- **Gastronomía y Hostelería**

personalizadas.
· Actividades al Aire Libre: Empresas que organizan actividades como trekking, escalada, surf, y otros deportes de aventura. ·Servicios de Guía Turística: Servicios especializados en guías turísticos que conocen bien la cultura y geografía local. 4. **Bienes Raíces y Construcción** guías y soluciones para mejorar la eficiencia energética y reducir el impacto ambiental. Estos tipos de emprendimientos reflejan la diversidad de sectores en los que los extranjeros encuentran oportunidades en Chile. Cada sector tiene sus propias características y requisitos, pero en general, el país ofrece un entorno favorable para la innovación y el desarrollo empresarial.

Cómo Invertir en la Minería del Cobre en Chile

Para los extranjeros interesados en invertir en la minería del cobre en Chile, es crucial comprender el marco regulatorio y legal. Esto incluye obtener los permisos necesarios, cumplir con las normativas ambientales y establecer alianzas con socios locales. Además, consideraciones como la estabilidad política y económica del país, junto con el acceso a infraestructura de calidad, son factores clave para el éxito de la inversión.

Inversiones Sostenibles en Minería El sector minero chileno está adoptando cada vez más prácticas sostenibles para reducir su impacto ambiental. Esto incluye la implementación de tecnologías de ahorro de agua, el uso de energías renovables en las operaciones mineras y la mejora de la eficiencia energética. Estas iniciativas no solo mejoran la sostenibilidad, sino que también pueden ofrecer oportunidades atractivas para los inversores extranjeros interesados en proyectos verdes. Casos de Éxito Un ejemplo notable es la inversión de la empresa canadiense Teck Resources en el proyecto Quebrada Blanca Phase 2 (QB2), una de las expansiones mineras más grandes del mundo. Esta inversión, que asciende a varios miles de millones de dólares, se centra en la extracción de cobre de manera sostenible y eficiente, utilizando tecnologías avanzadas y prácticas responsables.

Situación Actual del Mercado del Cobre En los últimos años, el precio del cobre ha experimentado fluctuaciones debido a factores como la demanda global, las tensiones comerciales y las innovaciones tecnológicas. Sin embargo, la tendencia a largo plazo muestra una demanda sostenida, impulsada principalmente por la creciente necesidad de cobre en la fabricación de vehículos eléctricos y sistemas de energía renovable.

La minería del cobre es el sector más emblemático y significativo de la economía chilena. Con una producción que representa aproximadamente el 28% del total mundial, Chile es el mayor productor de cobre del planeta. Este metal es esencial para diversas industrias globales, incluyendo la construcción, la manufactura de productos electrónicos y la transición hacia energías renovables.

Superar Desafíos y Riesgos:

·Identificar los desafíos comunes que enfrentan los extranjeros al invertir o emprender en Chile, tales como barreras culturales, burocracia y fluctuaciones económicas.

- Ofrecer estrategias y soluciones para mitigar estos riesgos y maximizar las probabilidades de éxito. Acceso a Recursos y Apoyo:
-
- Detallar los recursos disponibles para inversores y emprendedores extranjeros, incluyendo programas gubernamentales, incubadoras de negocios, y financiamiento.
- Proporcionar una lista de organizaciones, sitios web, y contactos útiles que puedan ofrecer apoyo y asesoramiento.

empresariales, como la gestión de operaciones, marketing, y ventas.

4. Construir Redes y Conexiones:

- Destacar la importancia de construir una red sólida de contactos en el mundo de los negocios en Chile, incluyendo asociaciones comerciales, cámaras de comercio, y eventos de networking.
- Proporcionar consejos sobre cómo establecer y mantener relaciones profesionales efectivas que puedan abrir puertas a nuevas oportunidades de negocio.

5. Establecer una Presencia Legal:
- Explicar los requisitos legales y administrativos para emprender y operar negocios en Chile, incluyendo la obtención de visas y permisos de trabajo, y el registro de empresas.
- Ofrecer recomendaciones sobre cómo cumplir con las leyes y regulaciones comerciales en Chile.

capitulo 5

se centrará en las inversiones financieras, con un enfoque en la bolsa de valores, bienes raíces y otros instrumentos financieros. Además, proporcionar consejos prácticos para aquellos que estén interesados en invertir en el mercado chileno.

Espero que este libro sea de gran ayuda para aquellos interesados en invertir o emprender en Chile. Con cariño, Franky Arango Montes.
Espero que esta guía te haya sido útil, y te deseo mucho éxito en tu viaje emprendedor en Chile.
Recuerda que siempre es importante estar informado, mantener una actitud positiva
Recursos y Contactos Útiles
·Servicio Nacional de Geología y Minería (SERNAGEOMIN): Proporciona información geológica, permisos y regulaciones. ·Cochilco (Comisión Chilena del Cobre) Ofrece análisis de mercado y estadísticas clave sobre la industria del cobre. ·ProChile: Asiste a inversores extranjeros con información sobre oportunidades y apoyo logístico.
·Cámara Chileno-Canadiense de Comercio: Facilita contactos y redes entre inversores y empresas del sector minero

En Chile, el emprendimiento ha tomado un papel fundamental en el crecimiento económico y social del país. Los emprendedores chilenos han demostrado su capacidad para innovar, generar empleo y contribuir al desarrollo sostenible del país. Gracias al apoyo de programas gubernamentales, universidades y organizaciones privadas, el ecosistema emprendedor en Chile ha florecido y sigue creciendo.

El futuro del emprendimiento en Chile es prometedor, con un aumento en la diversidad de sectores y la participación activa de emprendedores de todas las edades y regiones del país. El ecosistema ha ido madurando, generando mejores oportunidades de financiamiento, mentaría y colaboración entre emprendedores.

En resumen, el emprendimiento en Chile está en un buen momento y promete seguir creciendo en los próximos años, contribuyendo al desarrollo económico y social del país.

Conclusión:

Al llegar al final de este libro, espero que hayas encontrado inspiración, orientación y motivación para emprender tu propio camino hacia el éxito. El emprendimiento es un viaje lleno de desafíos, aprendizajes y oportunidades de crecimiento personal y profesional. A lo largo de estas páginas, hemos explorado juntos las claves para identificar tu pasión, desarrollar una mentalidad emprendedora, superar obstáculos y construir un negocio sólido y exitoso.

Recuerda que el éxito no se mide solo en términos de ganancias financieras, sino también en términos de impacto positivo en el mundo, de satisfacción personal y de realización de tus metas.

El mundo está lleno de posibilidades esperando a ser exploradas por emprendedores audaces y visionarios como tú.

¡Que este libro sea solo el comienzo de una emocionante y gratificante aventura emprendedora! ¡Que tus sueños se hagan realidad y que tu camino esté lleno de éxitos y logros inimaginables!
¡Emprende con valentía, vive con pasión y construye el futuro que deseas!
Gracias por acompañarme en este viaje.

¡Hasta pronto, emprendedor!

www.ingramcontent.com/pod-product-compliance
Lightning Source LLC
Chambersburg PA
CBHW072055230526
45479CB00010B/1086